SOMMAIRE

Préface

Servez vous 1

Terrible rancœur 2
Adieu mon ami 3
Amitié perdue 4
Annie 5
Arracheur de cœur 6
Ascension vers la vie 7
Attends !!! 8
Avenir frileux 9
Bonjour bonheur 10
Chaleur de Noël 12
Chipie 13
Cœur béant 15
Comme un adieu 16
Cruelle destinée 17
Début et fin 18

Face à l'adolescent 19

Plus jamais 20

Détente de rêve 22

Deux jours pour mourir 23

Elle a suicidé son corps 25

Elle aurait voulu 26

Elle voudrait être amante 28

Enfant courage 29

Triste constat 31

Essai pas concluant 33

Force l'admiration 34

Grand frère 35

Ta reine 37

J'imagine 38

Ou suis-je ? 40

Je ne sais pas 42

Je suis une fleur 43

Juste un regard 44

L'homme 45

La liberté incarcérée 46

Cette agonie 48

La Valentine 49

L'amie du Canada	50
Le destin de la route	52
Le silence	54
L'enfer	55
Les bouffons du roi	56
A l'horizon	57
La mamé	58
Foutue intolérance	59
Merci l'ami	60
Mes princesses	61
Mon cœur	62
Mon petit carnet	63
Pauvre fou	64
Petit rien	66
Petit soldat	67
Plus de coups !	68
Paradis de liberté	69
Amicalement votre	70
Précieuse amitié	71
Sensuel toucher	72
Rêves en rose	73
Scapin pour dieu	74

Souffrance des mondes 75
Maltraitée 77
Tempête 79
T'inventer 80
Triste harmonie 82
L'offense 84
Tu n'es pas seule 85
Pas d'indifférence 86
Tulipe 88
Un arrêt demandé 89
Le choix 90
Le père usé 92
Dis Pépé 93

Conclusion

Rencontres inoubliables 94

Servez-vous

Je vous ai raconté
Je me suis immiscée
Dans vos intimités
Veuillez me pardonner.
Vous m'avez donc permis
De coucher ces écrits
Servez-vous, sans aucune gêne
Car ils vous appartiennent.
Des mois, des années à écouter
Des vos vies j'ai partagé
Des secrets et des non-dits
N'ayez aucun mauvais ressentis !

Terrible rancœur

A tes liens tu t'entortilles
Dans tes mensonges scintille
Ton incrédulité, comment douter
De ta bienveillance, de ta sincérité ?

Je perce et transperce ton cœur
Toi, qui m'as fait tant de mal
Je traque désespérément ta douleur
Comme un véritable animal !

Pourtant, rien n'assouvit ma colère
Un gouffre, un néant qui désespère
En vain d'exploser, de laisser
Germer les sentiments effacés !

Le repos doit m'être salutaire
Enfin, je vais pouvoir me taire
Quand tu m'auras exprimé
Ta souffrance, peut-être tes regrets !

Je ne dois surtout pas espérer
Un jour voir les cicatrices
Pour l'éternité se refermer
Et, du passé, tourner la page dévastatrice !

Alors, patiemment, je vais attendre
Pourvu que les blessures guérissent
Et qu'à leur tour, les maux pourrissent
Saisir le temps, ne pas le suspendre !

Juin 2009

Adieu mon ami

Adieu mon vieil ami
La sécurité tu nous as fournis
Ton espace tu nous as offert
Tu nous as sauvés du désert !

Nous avons parcouru des milliers
De kilomètres, sans se lasser
Nous avons partagé des joies
Mais aussi des colères, des émois !

Et tout cela, en une décennie
Passée bien trop vite ; le temps
T'aura épuisé, et ruiné par ta maladie
Nous t'avons laissé dépérir, lentement !

Pardon, mon vieil ami, et adieu
Je ne t'oublierai pas, ferme les yeux
Lorsque l'avaleuse t'engloutira
Et de toi, un cube fabriquera !

Je ne veux pas que tes « pensées »
Soient nostalgiques, ni amères
Nous avons en ta compagnie toujours été
A l'abri, je te remercie, de toi je reste fière !

Amitié Perdue

Elle a bafoué mon amitié
Pour quelle raison, je ne sais,
Toujours, j'ai habitué les gens
Afin de ne vexer, à prendre des gants
Alors, pour une fois, je n'en ai pris
Mais, je n'ai pas été odieuse
Juste la vérité j'ai dit
Et me voilà devenue insidieuse!
Alors, si pour cela, sans nouvelle
Elle me laisse, pourquoi devrais-je
Souffrir, alors qu'apparemment, elle,
Se sent blanche, se sent vierge!
Je dois alors me persuader
Que sans compter, j'ai donné,
Que sans reçu, j'ai obtenu
Un blanc qui en dit long, qui met à nu!
Je n'ai aucun regret d'avoir été l'amie
De celle que je croyais, avec moi, unie
Je ne mérite pas un tel traitement
Car, jamais, je n'ai émis un jugement!
Nous étions, avons été, ne serons plus
Des amies qui se trouvaient quand une était perdue!

Annie

Tu es l'amie qui est venue,
De loin, tu as quitté ta fratrie,
Pour t'installer à l'autre bout
De cette France, où tout t était inconnu !
Tu as mis chaleur et bonne humeur
A l'intérieur de tous nos cœurs
Ta gentillesse et ta générosité
T'ont ouvert bien des portes, tu le sais
A se connaître, on a appris
C'est une joie ta compagnie
C'est une certitude ton amitié !
Oui, Annie, comme une soeur, comme une amie
Dans mon cœur ta place est acquise
Pour toujours, j'espère t'être appui
A jamais, je souhaite être conquise
Par ta franchise et ta gaieté.
Pour toi, je serai toujours là
Pour les bons et les mauvais moments
L'amitié, ça sert à ça
Sinon quoi, elle n'existe pas vraiment.
Tu remplaces dans mon cœur
Ma déchue grande sœur
Oui, Annie, c'est toi que j'ai choisi,
Car, au moins, toi tu ne me trahis
A l'écoute comme elle devrait le faire
Tu entends mes secrets que tu sais si bien taire !
Alors, que demander de mieux
Que de nourrir notre belle amitié
Avec des sentiments de fraternité
Et ce pour l'avenir, tu le veux ?

Mars 2008

Arracheur de cœur

Tu laisses son cœur
Tel un vaste désert
Où plus aucune fleur
Ne survivra en l'enfer

Que tu as infligé
A cet être fragile
Détruit et interné
A jamais en l'asile !

Tu n'es pas mauvais
Mais ta colère dévore
Peu à peu l'âme restée
Enfouie, et qui implore

Son sursis, à quel prix
Regarde le mal envahir
Ton corps, ton esprit
Ressaisis-toi, laisse fleurir

Un soupçon de bonheur
Donne- lui encore ta chaleur
Que cessent enfin ses pleurs
Et tourments, se taise la douleur !

Ascension vers la vie

Esprit tourmenté
Chasse tes mornes idées
Laisse fuir la tristesse
Ote le voile avec délicatesse

Appelle la joie avec espoir
Ne crois pas au trou noir
Eloigne les larmes de détresse
Ouvre ton cœur à l'allégresse

Plonge-toi dans tes souvenirs
Regarde ces images colorées
Que ton âme a si bien choyé
Et pense à un meilleur avenir

Le bonheur se mérite
Tu dois avoir confiance
Défier ce qui t'effraie

Pour enfin pouvoir caresser
Ce bien être qui nécessite
La liberté spirituelle, sans méfiance !

Attends!!!!!!!!

Lorsque tu perds l'envie
Tu laisses alors ta vie
Libre de l'inexistence
Dénuée de toute essence!

Tu verrouilles les portes
Tu effaces et qu'importe
tout ton vécu, tu t'effondres
Et rien ne semble correspondre

A ton image, ton espoir meurt
tu sembles abandonnée, perdue
Plus d'amis, que des braises
D'un enfer que tu crées avec aise!

Alors le néant t'envahit, nauséeuse
Tu t'étends sur ton lit, attendant
Que la mort parvienne, joyeuse
héritière de ton malheur, attends!!!

Avenir frileux

Aujourd'hui, j'ai froid
De t'avoir perdu, toi
Le sang de mon cœur
Celui qui se meurt

Hier j'étais heureuse
J'étais cette nébuleuse
Que tu admirais tant
Dont tu étais l'amant

Demain sera ce jour
Où enfouit le bonheur
Perdu tout cet amour
Mon dieu que j'ai si peur.

Bonjour bonheur

Ai-je enfin droit au bonheur
Après avoir essuyé tant d'horreurs
Qui ont pourri mon existence
Durant des mois de pénitence

Puis-je enfin espérer que demain
Mes yeux ne bruleront plus en vain
Que leur couleur bleu azur pétillera
A nouveau à la place du rouge éclat ?

J'aimerai écouter ma passion
La laisser guider mon avenir
Et faire taire enfin ma raison
Qui jusque là a détruit mon devenir !

Pourquoi ne pourrai-je accéder
Au calme, à la sérénité, à la bonté
Pourquoi autour de moi n'y aurait
Il que tempête et colères assurées ?

La déception doit quitter aujourd'hui
Mon horizon, que je désire moins gris
Que chacun qui m'a blessé se décide enfin
De quitter mon chemin, de s'en aller loin !

Je souhaite alors connaître l'envie
De vivre sans nuage, enfin cohabiter
Avec la joie, le rire, mes anciens alliés
Qui sans crier garde depuis m'ont fui !

Je n'attends que celui qui s'est détourné
De ma route, car trop d'ennuis, préoccupée
Je n'ai pas su le retenir pour des jours meilleurs
Goûter, tant attendu, je vais le saisir, ce bonheur !

Chaleur de Noël

Cette année, encore une fois
Le quartier que l'on appelle
L'Onglousois, se réunit

Autour d'un feu citadelle
Qui chauffera les chocolats servis
Avec la brioche et le flanc au riz.

C'est toute une populace
Qui s'accroit doucement
Et, qui, démunie, vient fêter

La nuit de Noel, et ses chants
Et ses rondes, sa chaleur et l'amitié
Allègrement prendront place !

Pour les petits, seront repeints jouets
En bois, antiquités de chaque grenier ;
Pour les plus grands, seront tricotés

Des mitaines, écharpes et bonnets :
Chacun aura son petit paquet
Que nombre de foyers se sera partagé !

Chipie

Petite boule blanche
Sans tâche tu es née
Personne ne te voulait
Pauvre chiot du dimanche!

Pourtant tu es si jolie
Si câline aussi
Comment te refuser
Sans même te rencontrer!

Voilà une semaine déjà
Que tu as trouvé refuge
Dans notre modeste foyer
J'espère que tu te plairas;

Les chats sont mécontents
Finie leur chère tranquillité
Pour leur sieste à présent
Ils se cachent avec habileté!

Quant à ce bon vieil Oscar
Notre gardien malinois
Est aux aguets mais plein de joie
De ta jeunesse, de tes égards!

Devenue le bébé de la maison
Tout permis sans doute tu te crois
Mais, on veille au grain avec attention
Car des fessées tu recevras pour correction!

Déjà, tu ne nous réveilles plus la nuit
Reste la propreté, ce n'est pas gagné
Et puis surtout ne rien laisser trainer
Sans quoi, tu as vite d'agir pour écarter l'ennui!

Cœur béant

Mon petit cœur a voyagé
Mon petit cœur a tout donné
Mon petit cœur a tant pleuré
Mon petit cœur est si vidé !

Laissant derrière moi, si dénudées
Les larmes glacées et noircies
Par les blessures du temps passé
Pour tous les coups qui m'ont affaibli !

Comme un chiffon dans son placard
Mon corps attend son coup de poignard
Déjà meurtri par les gifles retentissantes
De la méchanceté des âmes si médisantes !

De plaies béantes aux cicatrices
De longs instants se sont écoulés
De graves souvenirs sont venus graver
Cet être frêle d'une chair réparatrice !

Par tous les géants de l'univers
Par tous les monts de cette terre
Soyez ma force de fuir cet enfer
Donnez à ce cœur l'amour d'une mère !

Comme un adieu

C'est une femme, une épouse
C'est une mère, une mamie
Qui ce jour a posé sa blouse
Qui ce jour est alors partie.

Se sont alors envolés
Tous les bons et mauvais
Instants partagés ou ignorés
Les conflits semblent regrettés ;

Tant de souvenirs à jamais gravés
Un livre que l'on ne peut fermer
Résignée au départ mais pas à l'absence
Je reste là, figée dans l'ignorance !

Comme je la sais partie pour toujours
Avec un billet de non retour
Mon cœur est gros et pleure tristesse
De cet ailleurs deviens ma sagesse !

Cruelle destinée

Il rêvait d'un monde
Il flirtait cheveux au vent
Avec le temps et les ondes
Que l'air lui insufflait, chantant.

Il rêvait d'un avenir embellit
Par les seules couleurs de la vie
Celles qui permettent à l'existence
D'être et de devenir par excellence

Un homme respectable, honnête
Mais avant, dévorer sa jeunesse
Ne pas perdre un instant, à la quête
Du Bonheur, de la joie, de l'allégresse !

Dans un virage, elle attendait
La sournoise, celle qui l'a privé
Subitement de cette belle adolescence
L'injuste destin a brisé cette effervescence !

Début et fin

Ils m'ont placé dans ce caisson
Métallique, tout était noir et froid
Je ne pouvais bouger tant c'était étroit
L'envie de crier me laissait sans voix!

L'angoisse m'envahit, une onde de chaleur
Parcours alors mon corps, j'ai peur,
Des bruits raisonnant dans ma tête
Vibrent dans mes membres, tout s'arrête!

Ma raison me quitte, je panique
Je me débats contre des démons
Dont j'ignore les intentions
Soudain une lumière fantastique

Comme des lutins qui brillent
Et dansent autour de moi
C'est terminé, mes yeux scintillent
De bonheur, enfin je vois

Les personnes qui s'agitent, là
Et me ramènent à l'existence
Entourée de toute cette effervescence
Je réalise enfin que j'avais franchis le pas!

Face à l'adolescent

Depuis que sa voix a mué
De petit garçon à jeune homme
Je le regarde se transformer
Il n'est pas dessin que l'on gomme !

Passer de la gentillesse à la colère
Pourquoi la délicatesse devient insolence ?
Que se passe-t-il dans sa conscience
Pour ne vouloir qu'obtenir la guerre ?

Ce regard pétillant et joyeux
Est devenu méfiant, voire haineux
Qu'est ce qui anime ce courroux
Attitude emportée envers nous ?

Ne rien dire serait trop facile,
Ignorer serait trop docile
Discuter n'est pas envisageable
Punir est bien trop louable

S'énerver l'amuse trop et m'épuise
Quant à la violence, de sa valeur
Je doute fort, mes forces s'amenuisent
Ma peine devient sa couronne d'honneur !

Dans cette arène, se joue un combat
Je ne baisserai pas les armes, je l'aime
Lorsque le jour venu il comprendra
Alors ma vie ne sera plus un anathème !

Plus jamais

Derrière cette imposante carcasse
Se cachait sûrement un être bon
La souffrance devenait ta nasse
Bientôt, tu t'écroulais de tout ton long !

Tu partais, t'enfonçais vers l'ailleurs
Secoué par des spasmes, ton cœur
Décidait à cet instant de cesser
Ses battements qui de vivre te permettaient !

Et je pressais ce ballonnet, avec conviction
Je me disais :<ce n'est pas son heure,
Reste avec nous, accroche-toi, n'aies pas peur>
Et je pressais ce ballonnet, sans modération !

Mais déjà, je voyais tes pupilles dilatées,
La peau de ton visage était toute cyanosée
Au fond de moi, je n'y croyais, mais je savais
Que l'on t'avait perdu, tu t'en étais allé !

Dans une lutte acharnée, tous se mobilisaient
Ne croyant pas qu'un « gaillard » succomberait
Les minutes, les heures, alors tournaient
Hélas, rien ne fût assez vain pour te ramener !

Après, dans le silence, je préparai ton corps ;
Me demandant encore comment était-ce possible ?
Etendu là, pourquoi la vie avait été la cible
De celle qui ne prévient pas et enlève : la mort !

Encore bien jeune, si fort que tu étais
Pour quitter ceux qui t'aimaient, trop vite
C'est l'injustice et la colère qui m'habite
Jamais tu n'aurais dû ce plongeon effectuer !

Détente et rêve

Je me suis étendue sur le sol frais
Ecouter ce que raconte la terre argileuse
Une brise légère caressait mon corps

Tandis que les rayons du soleil léchaient
Les quelques bouts de peau désireuse
De chaleur naturelle sans même un effort

Un doux papillon effleure
Mon visage, et se creuse
Un sillon sur ma joue

Retenant ma respiration l'instant
Qu'une aile frôle et déjoue
L'immobilité acquise prestement.

Bercée inlassablement par le chant
D'un rossignol enjoué, mes yeux
Se dérobaient, glissaient lentement
Vers un sommeil léger et délicieux !

Je pouvais encore entendre
Le doux clapotis des ondes
Emis par les vaguelettes rondes
Que le souffle aérien devait répandre.

Alors mon corps se laissait aller
Et s'embrasait sous l'emprise
De mille et un désirs inavoués
Que seule cache le secret de ma matière grise !

Deux jours pour mourir

Elle lui avait prédit
Qu'elle ne verrait pas
Son prochain anniversaire

Elle mourait sans préavis
N'aurait de temps sincère
Pour préparer son trépas !

Mais elle pense à celui
Qui à nouveau envahit
Par la sournoise invitée

Que va-t-il devenir lui ?
A son enfant donner l'envie
De vivre sans aucun regret ?

Que vont-ils alors penser
De sa soudaine disparition ?
Qu'elle l'avait prémédité

Qu'elle les a abandonnés ?
Est-elle vraie cette prémonition ?
Doit-elle réellement se préparer ?

L'ambivalence détruira-t-elle
Son cocon tellement choyé ?
Sans elle, résistera le lien d'amour

Tissé soigneusement chaque année ?
Si la mort surgit à tire d'aile
Emportera tout et pour toujours !

Elle doit attendre, sans agir
Accepter cette condamnation
Ne rien dire et puis partir

Laisser souffrance et désespoir
Pour ceux qui l'aiment sans condition
Ce ne serait que trahison et choir

Deux jours pour mourir elle pense
Que ce n'est pas juste, elle brandit
Sa bannière, elle va se battre

Ne veut pas abandonner l'espérance
Qu'elle a clamé à deux âmes chéries
A leur côté sans bruit elle devra combattre !

Elle a suicidé son corps

Elle a suicidé son corps
Tellement courbé de peine
Croulant sous le moindre effort
Elle n'a supporté cette haine

Ses muscles tyrannisés nuit
Et jour, comme des attaques
De bombardiers sur des vies
Endormies, telles des traques

Insurmontables, ou le souffle
Manque, ou la peur se camouffle
Derrière des visages livides, et
Des corps endoloris et usés,

Ses os paraissent tellement friables
Qu'elle n'ose bouger sans entendre
Les craquements qui engendrent
Des cris et des soupirs abominables !

Cette boule qui grandit, à l'intérieur
De cette chair écorchée par la douleur
S'étouffe et gémit, ne pouvant luter
Contre l'épave qui devait la protéger !

Alors elle dépérit, seule et désespérée
Dans un combat dont elle fut la cause
Pauvre petite chose, la mort l'a emporté
Sur son corps suicidé, reste les ecchymoses.

Elle aurait voulu

Elle aurait voulu mourir
A cet instant, prisonnière
Du silence et trop altière
Pour causer de l'avenir !

Entre deux murs, coincée
Gisant dans ses entrailles
De maux qui bien évincés
Formeront une muraille !

Mal, elle sent le mal ronger
Tout l'amour qu'elle protège
Ce monde tellement douillet
Qui s'effondre en flocon de neige !

Les pleurs suivis de larmes
Ne guérissent pas et creusent
Les sillons de douleur qui arment
Les profondes rides nerveuses !

Personne ne semble la voir
Aucun ne parait douteux
Ou se voiler la face est mieux
Que d'une main ne la laisser choir !

Elle va se laisser mourir
Et nul ne saura jamais
Combien avant de les quitter
Elle souhaitait ne plus souffrir !

Que d'égoïstes personnes présentes
L'ont regardé seule disparaitre
Des regrets il est tardif d'émettre
Laissez là reposer en paix apparente !

Elle voudrait être amante

Elle voudrait être amante
Aimante et épouse du jour
Maitresse de ses amours
Livrée et délivrée conquérante

Elle se cache de ce désert
Pauvre en jeu et manières
Recherche multiples desserts
A offrir à son gentilhommière ;

Elle quémande son pardon
De n'être pas ce qu'il espère
Elle frissonne sur des sons
De voix cyniques et délétères !

Enfant courage

Telle la petite graine
Que l'on met en terre
Avec l'espoir de mère
Qu'elle grandisse, reine

D'un sol fertile, soigné
Avec amour et délicatesse,
Parvenant à la hisser
Au-dessus de ses altesses

Congénères, trônant depuis
La nuit des temps, altières
Et fortes de toute intempérie,
Te voilà qui germe, héritière !

Mais quel sort as-tu connu
Sinon le sol aride, épuisant
Tes ressources de vie, amoindrissant
Tes chances de presque vaincu ?

Quel abominable destin t'impose
La nature et l'inconscience humaine ?
Tu n'as pas le choix, dans tes veines
Le poison coule et enfin arrose

Tes organes vitaux, limitant ainsi
Ta croissance, et changeant ta vie
En un perpétuel combat, forçant
L'admiration, toi, si frêle et si grand !

Oui, tu es devenu un prince parmi
Les tiens, je te sens et te vois te battre
Dans ce milieu hostile qu'est celui
Que l'on t'a offert sans débattre !

Petite pousse d'amour et de joie
Deviens ce chêne fier et valeureux
Lorsque de roseau tu auras prouvé foi
Que la témérité est un allié précieux !

Triste constat

Enfermé sur lui-même
Le monde lui importe
Tel l'escargot qui lentement

Avance tout en portant
Sa maison sans porte
Croulant sous le poids extrême

Des soucis, des malheurs
De la peine et de l'incompréhension
De ceux qui le regardent

S'éloigner, fardeau et peurs
A la fois mêlés, aucune compassion
Il n'attend ; il se hasarde

Sillonnant dans les rues
La mine dépitée, bras ballants
A la recherche d'il ne sait

Quoi, il ne se reconnaît
Il semble n'être plus
Est-il encore vivant ?

Le cœur brisé, meurtri
Par des souffrances injustes
Il décide de mettre un terme

A cette existence salie
A cette inexistence vétuste
A cette incompréhension qui germe

Aucun remords, aucun adieu
Juste une larme, un soupir
Quitter cette terre maudite

Point de fleur dans ce vieux
Cimetière, des anonymes de lui offrir
Un salut honorable, un dernier gîte !

Essai pas concluant

Je le vois là, allongé sur le sable chaud
Son corps musclé sous cette peau noire
Endormi, serein, il se prélasse profondément

Sous le soleil d'été, comme il est beau
Son souffle à peine perceptible est rassurant
C'est un vrai dieu, un apollon, ma belle histoire

Alors tout doucement, je m'approche de lui
Lentement, je m'allonge à ses cotés
Délicatement, je love mon corps tout petit
Tout contre le sien, sa chaleur est démesurée !

Son cœur s'accélère, je l'entends bien, je veux m'assoir
Mais le voilà qui me saute dessus, qu' 'il est lourd mon dieu
Je me débats, un liquide chaud coule sur mes cheveux
Oh, sale bête, avec un Terre-neuve, un bavoir il faut prévoir !!

Force l'admiration

Regarder tes yeux pétiller
Alors que ton cœur est blessé
Voir ton sourire s'esquisser
Et tes joues se colorer
Me ravie de joie, mon amie ;
Laisser tes pensées au présent
Divaguer en notre compagnie
C'est un peu comme un diamant
Dont l'éclat perdu au fil des mois
Qui de la vie reprend ses droits
Et brille avec force sur ton doigt
Forçant l'admiration de ceux qui
T'entourent et t'aiment, avec foi
Toi, cette femme dont l'envie a fui
Le jour où cet assassin t'a privé
De voir conquérir le monde par ton sang
Cet être trop parfait, comme tu m'as confié
Pour évoluer dans cet univers insolent,
Tu lui parles, lui écris, lui confies
Scellé même à travers deux mondes
Opposés, votre amour est perpétué
Grâce à la volonté qui t'inonde
Tu poursuis ta route, empruntes des sentiers
Que toi seule connaît, grâce à lui
Tu vis, oui, et tu parviens également
A partager les émotions avec ton enfant,
Mère courage, Mère aimante, Mère en émoi
Tu t'es brisée au fil des jours
Les morceaux tu recolles pour vivre toujours
Tu es sa fierté, écoute le exister en toi !

Grand Frère

Frère de Cœur
Tout à ton honneur
Amitié et tendresse
Nous lient avec justesse
Chaperon, tu t'es improvisé
Des sorties folles tu as organisé
Une jeunesse à s'amuser
De joie, tous les jours à rigoler.
Rôle de grand frère, tout naturellement
Tu as rempli et honoré,
Protecteur attentionné tu es resté
Complice important de chaque instant.

Aujourd'hui, je me permets
En tant que petite sœur, te confier
Que je te trouve bien soucieux
Et que je n'aime pas te sentir malheureux.
Tu as d'une grande famille, la responsabilité
Et de ton bonheur, je veux être assurée
Car, jamais tu ne dois douter
De l'amour et de la tendresse qui te sont vouées!
Ton rôle de papa n'est pas toujours aisé
Mais de tes enfants tu peux être enchanté;
De ton épouse tu fais l'admiration
Et de douceur la couvrir reste ta prédilection.

Alors, Frère de Cœur
Ecoute ta petite sœur
Chasse tous tes soucis
Même les plus petits;
Montre-moi avec foi et ardeur
Combien tu es grand seigneur:
Croque la vie à pleine dent
Et laisse donc le bonheur t'envahir
Tu as su construire ton avenir
Pour ceux qui t'aiment: tu es brillant!

Ta reine

J'aimerais être ta reine
Que ma vie soit tienne
Devenir à jamais ta sirène
Chanter l'amour dans tes veines !

J'aimerais être ce grain de raisin
Que délicatement tu saisis
Dans tes doigts chauds et certains
Qui de la grappe cueille l'envie

Celle de goûter le nectar divin
Sucré que dégustent tes papilles
Te laissant un frisson malin
Parcourir ton corps tel une brindille !

Savoure-moi comme le fruit
Qui fraîchement cueillit
Fond dans ta bouche sensuelle
Et de saveurs te rend rebelle !

De toujours plus goûter l'envie
Celle de déguster, celle d'aimer
L'envie de me dévorer ainsi
Oui, c'est ce que je veux en secret !

J'imagine

J'imagine quelle souffrance te hante
Lorsque sur ton lit, tu grimaces
J'imagine quelle douleur tu enfantes
Et avec quelle puissance elle trace

Dans ton corps, dans ton esprit
Pour que jamais tu n'oublies
Que sournoise, elle sommeille
Jamais elle ne dort, mais veille

Au moindre mouvement, à te rappeler
Combien tes dents tu vas devoir serrer
Combien tes larmes tu vas devoir refouler
Combien tes cris tu vas devoir étouffer !

Lancinante et harassante, elle domine
Juste assez pour te priver de sourire
Juste assez pour que tu ne puisses la décrire
Tellement trop pour qu'elle abomine

Tous tes jours, à peine le soleil
Levé, que tu trembles à ton éveil
A la seule idée de devoir partager
Encore une fatale durée insensée !

J'imagine l'horreur qui te saisit
Les nausées qui t'habitent et persistent
La chair, les os, tellement pétris
Que même l'esprit n'est plus réaliste !

Alors c'est la colère qui t'envahit
Ensuite l'imaginaire qui te nourrit
Et tu pries, pour enfin, avec sérénité
Pouvoir partir loin et toujours oublier.

Ou suis-je ?

J'ai perdu mon identité
Ne sachant plus qui j'étais
J'ai tourné le dos à mon passé
Mais elle me poursuit sans arrêt

Cette culpabilité, effroyable ennemie
Une perte d'estime de soi non contrôlée
Un désert de sentiments et de douceur
Qui jusqu'à présent berçait mon cœur !

Je regarde autour de moi ce vide
Je suis seule et ne me reconnais
Où s'est égaré cet être candide
Que j'aurai tellement dû protéger ?

Quelle est cette personne qui vit
Dans mon corps si affaiblit
Par les tempêtes qui rythmait
Mon quotidien toujours animé ?

Cette inconnue venue habiter
Mon âme et mon cœur dénué
De ressentis, comme mort, voyez
Il ne bat même plus, incarné

Par l'absolu rien qui prend place
En lui, pour que vive cet étrange
Moi, si obsolète et si fugace,
Regardez comme il dérange !!

Je fouille dans les espaces temps
Afin de retrouver une route, un chemin
Qui me serait familier et doucement
Me ramènerait vers de doux lendemains !

Je souhaite découvrir celle qui
N'aurait jamais dû s'éteindre, happée
Par les tourments et les moindres soucis
Celle qui aurait dû se battre avec fierté !

Décembre 2009

Je ne sais pas

Mais où étais-tu crotale
Depuis ces derniers mois
Pour ne pas dire années ?

Tapis dans un terrier
Croupi comme une eau sale
Enterré sous un énorme poids ?

Je ne sais pas si je dois
Croire en ce retour magique
Ou bien alors les doutes maintenir ?

Pour à nouveau ne pas ressentir
Cette douleur, cette haine pour toi
Juste vivre l'instant fantastique

Que tu concèdes à offrir
Non, surtout aucun repentir
Dans tes yeux, ni ton sourire

Je veux juste croire à ce moment
Que tu es revenu, juste pour fleurir
L'espoir que je nourris depuis des ans !

Alors, je respire cet air dépollué
Qu'avec nous tu viens partager
J'aime penser que mon cœur

Peut encore s'emballer pour du bonheur
Même si cela n'est que de courte durée
J'aurai au moins retrouvé l'être que j'ai aimé

!Août 2009

Je suis une fleur

Je suis une fleur
Une fleur qui pousse
Sur un tapis de mousse
Qui n'a plus de cœur

Je suis une fleur
Une fleur avec ses peurs
Qui est toujours en pleurs
A n'importe quelle heure

Je suis une fleur
Qui cherche le soleil
Toujours pour un meilleur
Avenir où le vermeil

De mes pétales brilleront
Où s'effaceront les terreurs
Qui à jamais disparaitront
Je suis une fleur

Une de celles qui respirent
Une qui aspire au bonheur
Je vis, j'aime et admire
Je suis une fleur.

Juste un regard

Regarde- moi fruit de l'amour
Ne me fuit pas si désinvolte
Tu es déçu, tu te révoltes
Mais pour cela, en un seul jour

Tu brises les liens qui t'unissent
A une vie que pour toi l'on tisse
Te rends-tu compte du désespoir
Que tu engendres sans même choir !

Je ferme les yeux et revit pleinement
Ces bonheurs que l'on a bu chichement
Je pense alors que le couperet est tombé
Trop d'égoïsme nous devons payer !

Avoir voulu de toi parfaire un être
N'était pas une mission parentale
A trop miser, à trop vouloir l'idéal
A présent tu ne fais plus que paraître !

Pardonne-moi le manque d'obligation
Regarde-moi à nouveau sans dédain
Oublies et effaces toutes les afflictions
Qui ont nourrit ces affreux lendemains !

Encore un regard avant que ne meure
Mon cœur meurtri de viles salissures
Juste celui qui aime et qui demeure
Au fond de moi, celui qui me dépure !

L'homme,

L'homme, un enfant?
C'est un bien gentilhomme
Qui ne voulait pas grandir
Se voulant dans l'enfance

Croyant sauver son devenir
Voulant braver toute croyance
Peur de sembler à un fantôme!

Seul, bien seul, il hèle ses amis
Pour qu'à son secours s'affairent
Mais, voilà, demeurer un môme

N'est pas si aisé, et penser la vie
Avec une âme saine peut déplaire
Car l'homme n'est pas comme

Il prétend l'être, serein et vrai
Souvent il ment, et grâce à l'enfant
Se cache derrière des tourments!

Ce pauvre être humain mendiant
N'a pas compris qu'avec le temps
La sagesse dépasse la triste vérité!

Celle qui l'empêche d'assumer
Sa triste et si morne réalité
Tout en bafouant les droits

Des malheureux qui ont croisé
Son chemin; il va défier les lois
Et détrôner ceux qui croyaient l'aimer!

La liberté incarcérée

La liberté incarcérée
Cette nuit là, tout a basculé
La haine était ambiance
L'atmosphère était électrique,
Jamais je n'aurai imaginé
Qu'en un instant se dressait la potence
Qui m'entrainerait dans cette issue tragique
La folie qui régnait ce soir là
Est au delà de toute réalité,
La peur qui m'avait envahit
Jamais plus ne me quittera.
Elle a fait de moi mon propre ennemi
De ma sérénité elle m'a éloigné.
Que suis- je devenu ?
Un parfait inconnu
Trahis par la violence morale
Vivant dans une immense souffrance,
S'enfonçant d'une force bestiale
Dans la panique et sans espérance.
Seul dans un grand désarroi
Noyée dans la solitude
Je me demande pourquoi moi ?
Mais quel genre d'attitude
Ai-je donc eu pour que ce jour
A jamais devienne mon cauchemar,
Anéantisse ma vie pour toujours
Et change mon futur en bagnard.
Lorsque cette nuit, j'ai ôté la vie,
C'est mon existence qui s'en est allée
Non, ce n'est pas l'être que je connais

Qui a agit d'un tel instinct,
C'est une véritable infamie
Qui m'a changé en assassin.

Cette agonie...

La peur me tétanise
L'angoisse me domine
Tous les jours j'agonise
De cette boule qui chemine

De mon ventre à ma gorge nouée
Serrant mes entrailles irritées
Je me perds dans un monde aliéné
Ou l'attente de l'inconnu est appréhendée !

Mon esprit est entièrement incarcéré
Dans un carcan de calvaire misérable
Incontrôlable et surtout injustifié
Pourquoi le laisser prisonnier, minable

Et perpétuer cet état dans des pensées
Tragiques, qui rongent ma conscience,
D'actes prémonitoires que j'ai imaginés
Et qui m'empêche de vivre sans méfiance !

Ma vie, je la pourrie avec violence
Et me heurte à des murs imaginaires
Pourquoi compliquer cette existence
Qui ne demande que répit salutaire !

Va-t-en, toi, l'anxiété qui me tyrannise
Laisse-moi vivre librement et gaiement
J'aurai toujours et malheureusement le temps
De souffrir, sans que la terreur ne me prise !

La Valentine

Cette année je suis la Valentine
Celle que tu aimes tellement
Celle pour qui la chance a sourit

D'avoir choisit pour amant
Un homme à l'aura divine
Un époux qui brave les interdits

Celui qui permet à ma vie
De briller, de toujours avancer
Vers un autre et meilleur avenir

Le parfait prétendant devenu ainsi
La moitié qui accompagne sans regret
Chaque pas de mon être vers le devenir

Cette année, je désire plus que jamais
Ta Valentine demeurer pour l'éternité
Te combler et d'amour t'enivrer
Pour que tu aies l'envie infinie de m'aimer.

L'Amie du Canada

Je n'ai pas beaucoup de voyages
Dans mes pensées à vous narrer
J'ai vu beaucoup de beaux paysages
Sans partir loin de ma contrée !

Il existe un pays lointain
Que je ne connais absolument pas
Un lieu dont je rêve, c'est certain
D'un jour fouler le sol : le Canada.

On s'est une fois promis, dans un coin
De paradis, qu'ensemble nous lèverions
Nos verres, d'un bon vin, remplit avec soin
Qu'auprès d'un feu, en paix, nous dégusterions.

A travers les silences des âmes meurtries
Et au-delà des maux que l'on écrit
J'ose encore espérer que demeure l'envie
D'échanger nos savoirs, de connaître nos vies !

Si loin, dans les forêts, l'élan agilement
D'arbre en arbre, sillonne les flancs de tes montagnes
Les loups en meute, hurlent notre déchirement
Jusqu'aux confins des cimes s'entendra notre hargne !

Si perçant l'œil avertit de ton aigle royal
Annoncera la trêve de cette course infernale
L'ourse sortira enfin de sa longue léthargie hivernale
Laissant libres ses oursons d'humer cette nature loyale !

Et les chevaux cendrés mêlés aux alezans
Viendront pâturer l'herbe fraichement talonnée
De leurs hennissements alors je comprendrai
Que ton cœur à nouveau brille comme un diamant !

Le destin de la route

Décider d'une journée
Pour s'envoler dans les airs
Convoiter une chevauchée
Avec celui qui sillonne, peu fier

Son aimée tout contre son corps
Epousant le sien, sur l'engin déchainé
Le bitume, de mille feux semblant briller
Comment subitement songer à la mort ?

Le motard embrasse la route
Défraye la chronique du temps
Fait valser les secondes si courtes
Et se nourrit du plaisir de l'instant !

Mado, ses ailes lui ont été posées
A un moment de la course effréné
Nul ne pouvait penser qu'il s'en irait
Aussi rapidement, c'est cruel et pas mérité !

De tout cœur j'espère que ta vie poursuivra
Son fil soyeux que tu tisses autour de toi
C'est ce qu'il aurait souhaité, n'en doutes pas
Toujours prés de toi, à jamais, il demeurera !

La route et la bécane se défient
Chaque minute, je sais de quoi je cause
Je suis chagrine ce jour mais je n'ose
Te dire combien ma peine a grandit !

Ton combat de chaque jour
Est une lutte sans détour
Tes ailes pour joindre ton amour
Te seront décernées à ton tour,

Mais aujourd'hui, je pense à ta vie
Tes enfants, ta famille et tes amis
Attendent impatiemment ton retour
Même si difficiles adviendront les jours !

A ta famille et toi, je communique
Aujourd'hui et demain, c'est tellement peu
Mes sentiments de tristesse et mes pudiques
Pensées sincères s'élevant jusqu'aux cieux !

Le silence

Le silence, compagnon fidèle
Qui toujours sous ton aile
Me protège des mots amers
M'épargnent les maux des enfers

Enveloppe-moi dans ce duvet
Moelleux qui caresse pensées
Et sentiments fragiles, froissés
Par l'inquiétante langue déliée

Ton apesanteur m'offre sérénité
Et ta quiétude embrasse mon intimité
Qu'il est bon d'écouter ton absolu
Et d'espérer une sagesse déchue.

Emporte avec toi silence
Mes paroles insignifiantes
Tu es mon maitre, avec aisance
Je deviens ton étoile brillante.

L'enfer

L'enfer, pour un enfant
Perdre un proche parent
Le regarder lentement s'enfoncer
Vers un abîme dont on ne sait

Si la souffrance y est réelle
Si le bien-être y sera éternel
Comment et quand lâcher la main
De celui ou celle qu'on ne reverra demain?

La peine est immense et incontrôlable
La douleur en devient insupportable
Lorsque les liens tissés ou détissés
Ne seront plus alors que du passé!

Le vide s'installe, le silence surgit
Les larmes creusent sur les joues rougies
Des sillons à jamais irréparables
Au fil des années bien palpables

Car le temps panse les blessures
Mais ne les cicatrise jamais
Pour le restant d'une vie, elles perdurent
Rappelant combien ce parent on l'aimait!

Les bouffons du roi

L'un d'eux se nomme Jour
Et l'autre s'appelle Nuit
Semblent dénudés d'esprit
Amusent gentiment la cour.

Ils sont les loisirs du roi
Par de multiples mimiques
Déclenchent rires euphoriques
Mais sauront provoquer l'effroi !

Derrière le sourire : l'amertume
Derrière le regard : la rancune
La tristesse peu à peu consume
Leur gaité altérée devenue taciturne !

Vous, le persécuteur, interrogez
Votre conscience, et si vous obtenez
Le silence, craignez pour votre salut
Car dans peu de temps vous serez déchu !

Jour et Nuit, les bouffons de Messire
Réfléchissent, et sans mot dire
De votre piédestal, ils vous détrôneront
Et de vos manigances alors ils se joueront !

Mai 2010

A l'horizon

Loin derrière un voile
A l'horizon, tu t'éloignes
Et tournes le dos à la rive ;
Ce brouillard humide gagne
L'océan immense et tu dérives
Larme à l'œil, étincelante sous l'étoile !

Ton cœur brisé par le chagrin
Petit à petit se referme au loin
Espère trouver le réconfort inconnu
Qui devrait le baigner dans un absolu
Bonheur, mais avant entrouvrir une porte
Pour que confiance puisse enfin s'infiltrer
Ne plus avoir peur ni méfiance et qu'importe
Enfin goûter à ce plaisir d'aimer à jamais !

Chasser cette épreuve douloureuse
Qui dans ta chair a gravé des souvenirs
Ne plus penser à cette souffrance affreuse
Qui durant des mois à empêcher d'assouvir
Tous tes rêves et secrets les plus désirés
Ne voyant plus que le gouffre se creuser !

Le vent soufflera alors sur l'étendue bleue
De cette eau qui de tumulte va devenir d'huile
Et voguera ton navire vers un bel avenir
Celui où le sourire illumine tes yeux

La mamé

Lorsque je la vois si frêle, si fragile
Elle qui de ses mains était si habile
Tremblante et n'osant plus rien saisir
Avec poigne ou douceur de quoi tenir !

Pourquoi faut-il subir cette érosion
Que le temps impose à celle ou celui
Qui regarde ternir avec grande attention
Ces années enjouées consommées sans soucis !

Pour enfin terminer à tant espérer
Que la mort ne l'oublie ou si rapidement
Ne l'emporte avec zèle, bien amicalement
Rêver est-il permis lorsqu'on est arrivé

A la ligne finale, le cœur bien amoindri
Des ces ans où l'on souffle, sans vraiment
Connaître l'issue de ce voyage, alors vieilli
Retourner en arrière serait un souhait géant

A cet instant où les rides et les tremblements
Atteignent le physique, et sous les yeux d'enfants
Le visage flétri, impose le respect et la compassion
Alors que les idées s'en viennent et s'en vont.

Foutue intolérance

Mais qui voudrait de toi ?
Tu es égocentrique, vois
Comme tu cherches le vrai
Regarde si tu es parfait !

Ah, mais tu ne peux plus
Elevé sur ton piédestal
Tu ne vois aucun rival
Puisque tu vis au-dessus !

Quel être humain aurait pu
Supporter d'avec toi partager
Un brin de vie avec sincérité
Non, même un animal n'aurait su !

Je devrais à ce jour pleurer
Pour ton grand malheur
D'être toi et de persister
A demeurer un crétin seigneur !

Je passe ma route et ne me retourne
Car de pitié je ne peux t'accorder
Aucun être humain jamais n'a osé
Défier les lois alors je te contourne !

A un être qui aurait dû avoir sa place sur cette terre !!Car il faut de tout pour faire un monde, mais ce monde là n'a existé que dans sa tête !

Merci l'ami

Le soupir est mon langage
Le silence mon engrenage
Aucun son ne peut être émis
Par ce qui reste de mon esprit !

Le soupir est ma réflexion
Ne plus penser, ne plus ressentir
D'affliction, pour enfin définir
Un nouveau parcours, un nouvel horizon !

Le soupir est mon unique existence
Sans lui ma vie intérieure n'est plus
Ma vie extérieure n'a d'essence
Que pour ceux qui ne m'ont connu !

Le soupir, seule trace de mon énergie :
Celui qui ne se trompe sur la vie
Incompris et blâmé, je l'ai délaissé
A présent mes désirs il vient illuminer !

Le soupir, celui qui m'aura sauvé
Sera aussi celui qui m'aura conduit
Aux portes du fin fond de la vie
Le jour où la mort désirera m'emporter !

Novembre 2009

Mes princesses

Des yeux de biche
Un visage d'ange
Sous sa chevelure blonde
Et un sourire riche
Telle une princesse, te déhanches
Balançant ton corps comme une onde.

Des petits yeux ronds, noirs
Un visage espiègle
Sous des boucles blondinettes
Et un rire de midinette
Petit trésor que convoite l'aigle
Un petit bout de femme, un espoir !

Comme je suis heureuse
Lorsque je vous vois rire
Mes deux beautés, vivant tout prés
Mais que rarement, je puis approcher
Souvent à vous deux je pense, et mire
Le moindre instant, dès que je peux
Pour vous admirer, rêveuse
Vous me manquez tant, c'est malheureux
Mais dans mon coeur, vous êtes mes déesses
Celles qui ont fait ma joie, deux vraies altesses
Qu'au fond de moi, secrètement, j'ai enfermé
Pour ne jamais vous oublier, et toujours vous garder
De mon coffre-fort intèrieur, j'ai jeté la clef !

Mon cœur

Mon cœur, mamour, ma vie
Mon grand garçon tu grandis
Le temps passe trop rapidement
L'adolescence te transforme tant

D'un nourrisson bercé et choyé
Tu es devenu un petit gars aimé
Puis un garçon tellement admiré
Et aujourd'hui ce bout d'homme
Que je regarde avec des yeux brillants
De fierté avec la peur qu'égoïstement
Tu n'oublies ta maman, comme gomme
Efface les mots du crayon à papier
Qu'aurait subtilement griffonné
Des je t'aime à l'infini, tu sais ?

Comment te regarder grandir sans peur
Et sans reproche, te voir franchir le pas
Vers d'horizons nouveaux, et voir la lueur
Dans tes yeux danser de joie : accepter cela

Telle est la règle de vie de soucieux parents
Regardant leur enfant s'épanouir et vivre
Je garde mes larmes et parviens à sourire
Devant ton allure tranquille, c'est étonnant !

Mon petit carnet

J'avais un petit carnet
Les pages étaient cornées
Car tellement trimballé
Mon confident il était !

J'y déposais mes maux
En quelques vers et mots
J'y saisissais l'instant
Que je vivais promptement !

J'y décrivais mes sentiments
J'y confiais une idée entendue
D'une discussion dans la rue
Ou d'une confidence gentiment

Ecoutée, que mon cœur touchait
Et augmentait la cadence ; simplement
C'était mon petit carnet tout laid
Ou se terraient mes secrets pudiquement !

Hier, je l'ai égaré, je suis navrée
Dépossédée de mon jardin de mots
Aujourd'hui, je pleure mon morceau
De papiers, le cœur je me suis blessé !

Novembre 2009

Pauvre fou

Il rêve toute la journée
Il pleure tel un nouveau né
Il ne sait plus ce qu'il dit
Il n'a jamais eu d'amis.

Il est celui que je croise
Chaque jour je le toise
Mais pour quelle raison ?
Ce ne sont des façons.

En fait, il me regarde
Avec ses grands yeux
Verts semblant audacieux
Il m'effraie, je ne m'attarde.

Mais qui est cet individu
Etendu, là, dans la rue
Sous nos yeux effarés
Contournant ce corps apeuré ?

Comment puis-je avoir peur
De l'innocence d'un être
Malheureux et gisant de douleur
Suis-je humaine, oui, bien piètre.

Pauvre fou qui attend de moi
Compassion et amour, ne crois
Pas en ce que tu vois, rien
N'est vrai, même pas mon destin.

Quand demain tu te tairas
Et que je ne passerai plus là
Tout ne sera qu'indifférence
Comme si nous étions inexistence

Petit rien

Compose-moi un poème
Me dire combien tu m'aimes
Chante-moi une chanson
Me bercer toujours à l'unisson
Joue-moi des notes mélodieuses
Me prouver que la vie est précieuse
Conte-moi une histoire féerique
Me permettre un rêve fantastique
Caresse-moi de tes doigts habiles
Me paraissant toujours fertile
Laisse-moi écouter le vent
Bercer mes nuits de tourments
Dessine-moi les montagnes
M'invitant l'évasion du bagne
Trace- moi un chemin
Que ne s'égarent mes lendemains
Invite-moi encore à danser
Qu'objet je ne me sente plus jamais
Rends-moi enfin plus humaine
M'apprendre la vie sans haine !

Petit soldat

Mon petit soldat
Tu ressembles à ton papa
Si sûr de toi mais réservé
Tu es pour moi tant de fierté.

Mon petit soldat
Ton air rebelle tant m'effraie
Même si, au fond de moi, je sais
Que de guerre tu ne provoqueras.

Mon petit soldat
Dans ton regard pétille la joie
Dans ton sourire déjà je vois
L'éternelle flamme d'un combat.

Mon petit soldat
Jamais tu ne baisses les bras
Aujourd'hui encore, je veux crier
Combien je t'aime, mon fils adoré.

Plus de coups !

Il a posé ses mains sur mon ventre
A cet instant il a fermé les yeux
Puis tout doucement a murmuré

Qu'est cette boule qui se bat entre
Vos viscères gorgés de venimeux
Sentiments de rancœur bien cachés ?

Mon sang tout à coup s'est glacé
Comme une douche froide déversée
Sur mon corps tout tendu de gêne

Comment peut-il savoir, cet étranger
Ce qu'en moi je dissimule, agacée
Qu'il ait percé mon secret, cette haine !

Madame détendez-vous, votre enfant
Dans cette cavité ressent et entend
Tout ce que vous vivez, déposez

Donc ce fardeau ou faites donc cesser
Ce mal qui dévore cet être naissant
Ne vous construisez pas en nourrissant

Votre corps de colère, mais aimez
Ces futurs petits pieds et protégez les
Du mal que la vie peut un jour assigner

Et vous vivrez enfin le presque parfait
Bonheur que vous avez toujours cherché
N'assénez plus de coups à ce corps éreinté !

Paradis de liberté

Voler, comme un oiseau
Avoir envie de cette liberté
De pouvoir aller toujours plus haut
Et ne cesser jamais de rêver,

Parée d'ailes soyeuses et légères
Partir et s'envoler dans les airs
Regarder et planer sous les nuages
Espérer que s'arrêtent les âges !

Dans l'atmosphère, se laisser porter
Par les vents et les tourbillons
Atteindre des sommets de sensations
Quitter la réalité, l'instant d'une virée !

Convoite cette idée, ce désir dévorant
De conquérir l'espace, d'admirer la terre
Se sentir alors libre, juste à ce moment
De croire en un paradis dans cet univers !

Pour une maman qui m'a confié son rêve hier !

Amicalement votre

Pour vous qu'il m'a semblé être offensé
Ne craignez pas les mots ou les idées
Qui ont l'air d'être complètement dépassées,
Il n'y a pas de plus grande cruauté que le silence
Le mépris et la haine lui servent d'alliance
Ce serait alors ignorer sa propre existence !
Ne soyez offusquez de tant de colère
Même si elle ravive un trait de caractère
Qui semble je puis me tromper, vous déplaire ;
Parfois il est plus méritant de confronter
Ses convictions en paroles plutôt que de grogner
Les mots servent pour tous à exprimer nos maux
Alors que diantre, montons sur nos chevaux
Et même si je dois me contenter d'un trot
Car supérieur à moi, vous entamerez le galop
Je courberai l'échine mais garderai l'allure
Tentant cependant d'éviter les zones obscures
Car il est de mon devoir de ne jamais franchir
Des limites paraissant moindres et de risques courir !
Entrer dans un moule et devenir mouton
N'est sans doute pas dans mes attributions
Mais outrepasser mes droits même en jargon
Est indéniablement une féroce interdiction,
Alors, certes il y aura encore des batailles
De paroles, mais sans communication alors
Nous ne serions humain, mais du bétail
Conduit à l'abattoir et attendant leur mort !

Ce jour, le 07 avril 2010 a méditer

Précieuse amitié

Je t'ai offert mon amitié
Et tu as cru bon de la saboter
Pour sauver un peu de ton ego
Ce que tu dis n'est certes pas beau

J'ai probablement été maladroite
Je n'en doute pas, j'ai pu te blesser
Par mon silence qui t'a attaqué
Et l'indifférence qui m'a rendu étroite

D'esprit, je l'admets, en revanche
Tu disais ne pas comprendre
Pourtant tu as feins d'être franche
Ainsi, tu as pensé me méprendre!

Je n'ai pas voulu te nuire
Mais ta complaisance à détruire
Des liens fragiles à peine tissés
M'a poussé de toi à me détourner!

Les gens disent, les gens médisent
Je n'écoute que mon cœur, tu vois
Et je crois qu'il y a du bon en toi
Même si tu t'emploies à la méprise

Je veux croire en une certaine évidence
Que chaque être humain offre l'espérance
D'un côté généreux même s'il est enfouit
Et un jour celui-ci servira humblement autrui!

Sensuel toucher

Que penser alors que tourne
Et tourne sans cesse la roue?
Lorsque ses doigts se posent
Lorsque son corps se love
Que les caresses proposent
Que les pensées innovent?
Quelle sensation de douceur
Une réelle impression sensuelle
Alors éveille l'esprit noirceur
D'un voile satin et merveille
Touche donc et dans tes mains
Protège la frêle nature qui nait
Réveille l'esprit mort et atteints
Toute zone érogène qui alertée
Revient à la vie et respire alors
C'est l'essence qui m'appelle encor!

Rêves en rose

Rêves en rose
Mots en prose
Nuits de rêve
Jour de trêve

Humeur joyeuse
Caresses soyeuses
Cœurs en détresse
Corps de déesse

Pensées maternelles
Espérances éternelles
Angoisses frémissantes
Vague déferlante

Toute une vie d'espoir
Avec moi, chasse le noir
Ne sommes pas coupables
Des instants agréables…

Scapin pour dieu

Lasse d'être celle
Que l'on prend
Que l'on jette

Epuisée de telles
Conditions suspectes
Sensations de miettes

Assommée de faux
Des mots mielleux
Des pensées furtives

Agacée par ces maux
Enfoncés comme un pieu
Me laissant si fautive

Ennuyée par l'apparence
Que me suggère ce tableau
Me laissant bien nauséeuse

Révoltée par la transparence
Si trouble au fil de l'eau
J'ose vomir ma colère venimeuse

Attristée par tant d'ignominie
Que mes ouïes ont décelé
Feinte est ma joie à vos yeux

Ereintée d'un combat infini
L'inertie m'a enfin possédé
Scapin pour vous est un dieu !

Mars 2010

Souffrance des mondes

Amour, partages, complicité
Des termes bien employés
Lorsqu'ils ne sont pas salis
Par des actions, par des pourris

Mensonges à outrance, vol
Inqualifiables pour quel envol ?
Celui de la délinquance innée
Mon dieu mais qu'as-tu fait ?

Juste en attente de vérité
Celle qui ne tue point mais
Qui peut être l'amorce sûre
D'un pardon attendu, c'est dur ?

Surement plus ardu pour celle
Ou celui qui est trahit, quelle
Qu'en soit la déraison de ces actes
Il faut en assurer avec le diable le pacte !

Revenir dans le droit chemin alors
N'est plus aussi aisé que tu le pensais
Parait que le silence est d'or
Mais là il t'assoie sur le banc des accusés !

Voilà, juste pour te rappeler
Que l'amour souffre aussi
Et que de ses profondes blessures

Il se meurt un peu plus et
Toi seul encore a l'investiture
De le sauver si tu en as envie !

Maltraitée

Telle une poupée de chiffon
Elle tombe sur le parquet
De cette chambre si parfumée
De haine, de violence, pas coton

Mais pourquoi a-t-il accueilli
Cet être qu'il ne désirait pas
Peut-être avait-il décidé déjà
Que son objet de défoulement
Elle allait devenir, harcèlement
Physique et moral à haut débit !

Le corps violacé par les coups
Tuméfié, son visage devait rester
Caché, toujours dans l'ombre forcée
De volets à demi clos, pas de moue !

Celle qui allait susciter l'attention
Juste l'instant de ses viles pulsions
Celle qui de sévices en cris silencieux
Allait devoir gentiment entrer dans le jeu

Et ne devenir que l'instrument adoré
De celui qui aurait dû la vénérer
Au lieu de cela toute une enfance
Et adolescence violée sans pénitence !

Pourquoi l'avoir laissé vivre ainsi ?
Regardez à présent ce que de sa vie
Il reste, un morceau d'être humain
Qui n'attend plus rien du lendemain !

Elle aurait voulu un jour le tuer
Mais il ne lui en a pas laissé la force
Car de la malmener à longueur d'année
L'a dévêtue comme un arbre sans son écorce !

Tempête

La tempête fait rage
Le vent hurle violement
Dans les arbres tremblants
Devant l'énorme orage

Qui menace la côte endormie ;
La mer est déchainée
L'écume vole, clairsemée
Les vagues roulent tandis

Que l'écho qui rugit des flots
Me saisit, cet ouragan fouette
Sur son passage, les mouettes
Qui errent et saoules, sur le dos

Se mettent à tournoyer, perdues
Par ces rafales qui les projettent
D'avant en arrière, sans issue
Tel le chaos, j'ai mal à la tête !

Assez, chasse donc ta colère
Ne t'abats pas sur nos sphères
L'homme prendra soin de toi
Avec force oui, j'y crois !

T'inventer

Il faudrait t'inventer
Si tu n'existais pas
Du fond de ma pensée
D'une lumière naitra

Cette douce personne
Qui de son cœur donne
Tant d'affection intense
Et générosité immense !

Toi, mon être de confiance
Je te dessinerais finement
Un visage rieur et rayonnant
Qui prête son oreille avec aisance !

Je poserai sur ta tête une couronne
Comme une reine, car tu étonnes
Par ta bonté, et ton discernement
Tu es royale, même si tu démens !

Je laisserai sur toi glisser
Une pluie chaude de baisers
Pour que jamais tu ne doutes
Combien, depuis que nos routes

Se sont croisées, tu es bonheur
Et dans mon tout petit cœur
Tu as une grande place, tu sais
Et, elle t'est à jamais choyée !

Alors, tu vois, si tu n'existais pas
Il faudrait t'inventer, c'est certain
Non, ne rechignes pas, tu vas
Surement par pudeur, nier, en vain !

Triste Harmonie

L'harmonie des mots
Nous à un jour unis
Embellie notre vie
Pour chasser les maux.

Nous avons partagés
Nous avons échangés
De merveilleux instants
De bien tristes moments.

Même dans la famille
S'est installée douceur
Complicité et bonheur
Une lumière qui brille.

Mais tout cela est brisé
Par tant de vaines promesses
Des mensonges inavoués
Des identités si traitresses,

Je me l'étais promis
Ne plus jamais vivre
Ces tragiques insomnies
Que le doute délivre

Avec tant de mépris
Le monde tourne ainsi
Se foutant de l'ami
Qu'un jour il a trahit.

Triste constat d'un jour
Où le fruit par le ver
Pourrit, crève l'amour
Et verse la sève sur l'univers.

L'offense

Tu as commis un acte horrible
Tu as violé mon intimité
Tu m'as accusé sans fondement

Je suis blessée, meurtrie, cassée
Ta jalousie est répréhensible
Elle te rend plus que méchant

Et, pour couronner le tout
Tu te réfugies dans le silence
Comme si tu n'avais aucun tort

Tu ne laisses aucune place alors
A la discussion, la sentence
Tombe, tu penses comme un fou

Que tu es abusé, et tu as tout droit
Et moi ? Tu y penses, rien à cacher
Pas folle au point de ne rien effacer

Mais tu ne t'excuses pas, et ma foi
Tu plonges dans ta colère, parfait
Tu ne l'es pas, tu t'es bien trompé !

Je ne puis accepter d'être épiée
De mes moindres actes me justifier
Et de tels caprices devoir supporter

Il faut que cesse ce climat pervers
Où tu imagines le mal à l'endroit, à l'envers
Il n'y a que souffrance à voir que le travers !

Tu n'es pas seule

Elle est dans une chambre, je crois
Où la sobriété intérieure règne,
Juste une porte fenêtre qui daigne
S'ouvrir sur une terrasse en bois.

De son lit, elle peut apercevoir
Le parc verdoyant et animé
Par les chants d'oiseaux égayés
Sous les rayons d'un soleil miroir.

Elle est seule, elle pense un instant
A tous ceux qu'elle aime, ses enfants,
Elle attend avec impatience que commence
Le début des soins qui lui rendent confiance.

Nostalgique ,mes pensées s'envolent vite
Vers sa chambrée ,où je m'invite ;
Je suis heureuse ,elle va mieux
Elle me l'a dit :C'est merveilleux .

Lorsqu'elle quittera son nid
Elle sera réellement guérit
Alors courage, bonheur et amour
Devront l'aider, la protéger tous les jours !

Pas d'indifférence

Tu te nourris de sa douleur
Tu lui transperces le cœur
La nuit tu ronges son esprit
Le jour ses yeux tu lui rougis

Elle n'a pas cessé de vivre
Mais dans l'obscurité se terre
La culpabilité de la suivre
Et ne lui offrir que le calvaire !

Comme s'il ne suffisait à sa peine
La médiocrité de son entourage
Elle se persécute et s'enchaine
Aux malheurs, se privant de bandage

Se persuadant qu'ainsi infligée
D'une punition, elle parviendrait
A occulter les démons qui l'agressent
Et ainsi de ses idées redevenir maitresse

Mais la souffrance est démesurée
Physique et morale, laisse un être brisé
Qui se bat, se défend avec violence
Emportant sur son passage la confiance

Perdue sans nul refuge d'amour
Elle se croit isolée pour toujours
Ne lui tournez pas le dos, même si
Vous trouvez pesant d'agir ainsi

Votre conscience vous guide avec talent
Et de remords vous n'aurez en désagrément
Un jour vos efforts seront bonifiés
Et de la vie vous lui aurez insufflé

Tulipe

Un petit bourgeon sur fine tige
Une frêle brise te balançait
Des perles de rosée te réveillaient

Te voilà fraichement et timide
Sortie d'une léthargie humide
Tu t'étires, bientôt tu t'obliges

Tu vas éclore et devant ta beauté
Petite tulipe aux couleurs irisées
Les yeux vont de joie s'écarquiller !

Je t'ai regardé t'épanouir doucement
Fragile comme la soie, tu rayonnes
Tu enchantes et tes rires encore résonnent

Dans mes pensées, tout parait idyllique
Mais belle fleur tu t'éloignes sensiblement
Vers la liberté qui semble magique

A l'orée de ta floraison, ton chemin suit
Une route sinueuse et là, tu t'éloignes
Pour devenir adulte, pour toi n'a de prix

La solitude dans mon cœur m'oppresse
Pour ton bonheur, alors il se soigne
Sois heureuse, tu restes une vraie princesse !

Juillet 2009

Un arrêt pas demandé

Aujourd'hui, mon cœur m'a joué un tour
Il s'est arrêté de cogner pour toujours
Imaginez cette trahison de grande importance
Car ce n'était pas au programme d'instance !

Mais qu'ai-je donc pu faire d'hostile
Pour que Monsieur décide d'arrêter de battre
Telle une horlogerie défaillante, un désastre
Je l'entretenais bien, le bichonnais, j'étais habile !

Pourquoi ne veut-il plus frapper ?
Pourquoi ne fait-il plus résonner ses cavités ?
Quelle folie lui a donc permis
De cesser les battements qui me donnaient vie ?

Oh, mon petit cœur adoré,
T'ai-je donc à ce point offensé ?
Ai-je commis tant d'erreurs
Qui t'ont fait réagir d'horreur ?

Mon organe de vie, mon tic-tac favori
T'aurai-je tant blessé pour qu'ainsi
Se termine une complicité qui jadis
Nous donnait larmes de joie et peine aussi !

Avec toi, j'ai tout partagé
Ta confiance j'avais haut placée
Quel mal t'a donc atteint
Pour qu'en ce jour, tout soit éteint ?

Le choix

Une grande carrure étendue
Là, sur ce lit, cet homme git
Sans mot dire semblant perdu
Dans ses pensées, il subit

Le sort que le destin impose
A cet être qui ne veut plus
Se battre, qu'importe s'il ose
Baisser sa garde, c'est son refus !

Sa vie est entre des mains inconnues
Sous des regards enveloppants
De tendresse et d'attention soutenues
Il a décidé d'être seul partisan

De sa lutte contre la vie, celle
Qu'il pense l'avoir trahit, finit
Les combats pour entrevoir
Seulement un bout d'espoir.

Sa décision est ferme, il sait
Ce qu'il souhaite à l'instant,
Ce présent, dont il saisit assez
Chaque seconde, reste en suspend.

Que lui proposer si ce n'est
Qu'accepter sa décision ardue
A nos yeux tout semble confus
Mais aux siens cela parait si vrai !

Il est le décideur de son futur
Que nous soyons surpris, pour sûr
N'avons pas l'habitude d'ainsi
Devoir respectueusement être soumis !

C'est une impression étrange, pensez !
De laisser un tel choix nous guider
Mais accepter ainsi d'accompagner
Laisse libre cet homme dans sa dignité !

Le père usé

Une larme perle sur sa joue
Il regarde s'enfuir la beauté
La jeunesse vite usée sous les coups
Si barbares d'un enfant tant aimé !

Il ne l'a pas regardé ainsi
Depuis fort longtemps, il n'a vu
Cet adolescent transformé, puis
Devenu l'homme qu'il ne reconnaît plus !

Toute sa vie, il a avec force œuvré
Afin que de rien il n'ait à manquer
En retour, n'a jamais rien désiré
Qu'un brin d'amour pudiquement partagé !

Mais il s'est perdu dans cette spirale
Affreuse qu'est la violence, seule nourriture
Qu'il dévorera, convoitant la forme verbale
Puis physique pour seule signature !

Qu'est devenu cet espoir divinement souhaité ?
Que s'est-il donc passé d'imprévisible
Pour que ce bonheur demeure inaccessible
Au fin fond des abysses et si bien égaré ?

Dis, pépé...

Vingt ans que la vie
Nous a séparés, aujourd'hui
Sans en être averti
Loin, tu es parti !

Du fond du cœur
Je souhaite que tu sois
Auprès de ceux qui t'aimaient, toi
Et que persiste le bonheur !

Je ne peux qu'à toi penser,
En moi toujours tu vis pépé
D'un paradis où tu reposes
Imaginer un sourire j'ose,

Savoir que tu es parvenu
Au bout du voyage de l'inconnu
Que l'amour perdu est retrouvé
Que ton espoir n'est pas brisé !

Alors, je serai soulagée
Mes pensées enfin apaisées
Même si tu me manques tellement
T'imaginer heureux me comble simplement !

Conclusion

Rencontres inoubliables

Son silence laissait place à l'absence
Cette solitude qui comble l'instant
Cette affection dont il accepte l'abstinence
Et ce sourire qui trahit ses sentiments

Elle semble forte et conquérante
Un tempérament sans faille apparente
Un cheval de bataille à toute épreuve
Laissant l'admiration grandir tel un fleuve

Comme la confiance qui s'installe
Dans son univers d'où il cavale
Les traits de son visage sont détendus
Il se livre et baisse sa garde défendue

Elle poursuit son combat et gravit avec force
Des marches interminables vers l'inconnu féroce
Elle brandit sa bannière victorieuse
Devant cette épopée bien trop périlleuse

Une grande complicité est née
Il a permis que l'on frôle sa dignité
Il a confié des secrets et des sensations
Personne ne soupçonnait ces émotions

Elle démontre tant d'ambivalence
Elle rit, les yeux larmoyants
Tant de regrets et colères en cadence
Ont épuisé ce conflit si émouvant

Ils ont lutté, comme je les admire
Ils ont chuté ; ensemble leur navire
Dans l'ouragan fougueux s'est perdu
Suivez des yeux ces deux étoiles déchues.

© 2011, **Nadia Maurel**
Edition : Books on Demand, 12/14 rond-point des Champs Elysées, 75008 Paris
Imprimé par Books on Demand GmbH, Allemagne
ISBN : 9782810620135